AF359094

LES PEINTRES DE GENRE

AU

SALON DE 1863.

Versailles. — Imprimerie d'Aug. MONTALANT.

LES
PEINTRES DE GENRE

AU SALON DE 1863,

PAR

CHARLES GUEULLETTE,

Auteur des *Peintres Espagnols.*

—

PRIX : UN FRANC.

—

PARIS,

GAY, ÉDITEUR,

QUAI DES GRANDS-AUGUSTINS, 41.

—

1863.

AU LECTEUR

Trois mille tableaux exposés nécessitaient un choix. Notre préférence est tombée naturellement sur le Genre; partie la plus intéressante et la plus variée du Salon. Mais, notre sujet trouvé, il nous fallait un plan!

Classer les artistes par ordre de mérite, c'est-à-dire d'après une réputation plus ou moins justifiée, était nous résigner d'avance à bien des embarras. D'abord avions-nous le droit d'imposer notre goût? Et puis les peintres qui commencent appelaient-ils moins l'intérêt que les peintres arrivés ? Pour trancher la difficulté, nous avons résolu de prendre les noms à mesure qu'ils s'offriraient à nos yeux, sans distinction, par ordre de salles.

Divisant donc nos comptes-rendus en un certain nombre de promenades à travers l'Exposition, nous invitons nos lecteurs à nous suivre. — Nous tâcherons d'être vrai; à coup sûr nous serons sincère, et nous aurons atteint notre but principal si nos compagnons de visites ne se fatiguent pas en notre société.

LES PEINTRES DE GENRE

AU

SALON DE 1863.

I

LA critique d'art est surtout discutable quand elle s'attaque à la peinture de genre. La raison en est simple. Un tableau de genre est une œuvre de fantaisie où l'artiste suit ses goûts personnels, ses instincts particuliers et cherche, avant tout, l'originalité aussi bien dans le sujet qu'il choisit que dans la couleur qu'il lui prête.

De là beaucoup de controverses; si le peintre a du talent, des attaques vigoureuses d'une part, une défense acharnée de l'autre.

Nous avons été témoins des luttes sanglantes qui accompagnèrent les premiers essais romantiques en littérature; nous savons aussi comment a été saluée l'école réaliste à son avénement. Or, le mouvement artistique suit chez un peuple le mouvement littéraire parce qu'il est, comme lui, l'interprétation fidèle des tendances nationales. Les deux mouvements, on le sait, se sont produits dans les deux ordres d'idées d'une façon identique avec les mêmes phases de décadence et de progrès. La peinture, elle aussi, s'est faite successivement romantique et réaliste. Soutenue par le prestige de noms respectables, elle s'est levée sans prendre garde aux obstacles qui se dressaient devant elle, et heurtant sur son chemin tous les vieux préjugés elle est parvenue à se faire une trouée; à sortir de la mêlée victorieuse et à conquérir une place digne de ses destinées. Mais combien tombèrent dans la lutte! L'acharnement des deux camps amena le parti pris, c'est-à-dire l'injustice, chacun força ses défauts comme ses qualités, et de jeunes talents, aigris par la malveillance, n'eurent plus foi qu'en eux-mêmes et se perdirent au milieu d'incroyables excentricités.

En présence de tentatives si diverses, tentatives louables, à notre avis, puisqu'elles témoignent de l'activité intellectuelle d'un peuple et préparent une renaissance certaine, quel est le devoir de la critique ? Pousser en avant les retardataires, leur montrer que les beaux-arts ne doivent pas vivre seulement dans le passé, que l'avenir a des horizons nouveaux, qu'enfin il est un but à atteindre et que l'admiration des anciens ne doit pas arrêter l'essor de l'imagination ni proscrire toute initiative, — applaudir aux recherches des écoles modernes en les prémunissant néanmoins contre les exagérations ou les écarts de mauvais goût. Chez les réalistes, le dessin est généralement correct, les formes nettes et précises, les physionomies parlantes ; mais pourquoi ne cherchent-ils dans la nature que le côté trivial ou grossier ? Pourquoi ne développer chez le spectateur que le désenchantement ou la désillusion? Pourquoi réveiller enfin, chez lui, de pénibles sensations ? Les idéalistes, au contraire, possèdent un goût délicat ; leurs tendances sont pures, leur imagination riche et brillante ; mais pourquoi se perdent-ils toujours dans les nuages? Pourquoi ces formes vaporeuses, ce coloris indécis ? Rien d'arrêté chez eux, rien de palpable : il semble que leurs tableaux soient enveloppés d'une gaze qui empêche d'en distinguer les contours.

Partant de ce principe invariable que tout en élevant l'âme vers le beau idéal le peintre doit rester vrai pour être compris; que la nature porte en soi une poésie assez variée pour qu'il se borne à la reproduire sans trop la forcer, il faut que la critique prévienne les erreurs sans arrêter l'inspiration, discute les méthodes sans idées préconçues, sans influences de coteries, et se plaçant au point de vue général, accepte comme réellement belle, non pas l'œuvre acclamée par la mode du jour, mais celle qui doit s'imposer à la postérité, provoquer l'admiration dans tous les pays.

Une renaissance s'accomplit, c'est un fait ; le paysagiste, ardent à découvrir des voies inexplorées, s'en va jusqu'au bout du monde demandant aux campagnes de l'Amérique ou de l'Orient les secrets d'une végétation et d'une lumière inconnues dans nos climats tempérés.

Le peintre de genre, lui, s'abandonne aux capricieuses fantaisies de son imagination, cherche des idées neuves pour son plan, des combinaisons nouvelles pour son coloris ; et le public, juge intéressé, constate bien une marche ascensionnelle, mais se demande encore quel résultat sera obtenu. Il suffit d'un coup d'œil sur l'ensemble des œuvres exposées au Salon, cette année, pour se rendre compte des tendances de l'école contemporaine. En tableaux religieux rien de vraiment inspiré, quelques toiles bien peintes, des nuances bien fondues, des personnages correctement dessinés, mais des poses impossibles, des physionomies froides et insignifiantes; on sent le scepticisme sous le pinceau de l'artiste. Il fallait être embrasé par l'ardente foi des Murillo et des Raphaël pour imaginer ces types sublimes qui pendant plusieurs siècles firent la gloire des écoles espagnoles ou italiennes : maintenant on ne croit plus ou on croit mal. En tableaux d'histoire, avons-nous au moins quelque chose de saillant ? Pas davantage. Rien de grandiose ni dans l'idée première ni dans l'exécution. L'artiste, aujourd'hui, se sent mal à l'aise avec les saints ou les héros ! Ce qu'il demande c'est un sujet simple, une petite comédie, un drame peu compliqué. Alors, il faut l'avouer, il sait préparer des effets imprévus, il sait flatter l'œil par un coloris chatoyant ou le fasciner par des teintes sombres et lu_ gubres. Il ne trouve plus pour la divinité le type idéal dont les anciens maîtres connaissaient le secret, mais il sait admirablement animer un visage humain, lui prêter tour à tour les passions les plus contraires, en un mot il connaît la mise en scène, combine savamment une petite pièce émouvante, spirituelle ou sentimentale, place les acteurs dans leur rôle, soigne leur attitude, les entoure de riches décors, enfin n'oublie rien pour les mettre en relief. Si la peinture d'histoire et la peinture religieuse sont en décadence, on peut affirmer que le genre au contraire obtient les honneurs d'une réputation qui commence. Aussi tous les jours il étend son domaine et prend un peu sur le territoire de ses voisins. N'appartient-elle pas au genre plutôt qu'à l'histoire, cette voluptueuse composition de M. Baudry : *la Perle et la Vague*, devant laquelle le public se donne rendez-vous ? Et la *Naissance de Vénus*, de M. Cabanel. La façon dont elle est posée, les petits amours qui l'entourent, ne lui donnent-ils pas l'apparence d'un tableau de genre plutôt que d'une œuvre sérieuse? Est-ce encore de l'histoire que les trois sujets de M. Protais ? Le *Matin avant le combat*, le *Soir après le combat, Retour de la tranchée en Crimée?* — Non, car l'idée qui préside à la composition générale n'est pas d'un ordre essentiellement sévère ; ce sont les sentiments intimes de l'âme interprétés avec tous les charmes de la vérité, avec l'attrait d'un coloris charmant quoique un peu pâle, mais cela ne constitue pas les qualités nécessaires à toute œuvre historique ; au contraire, nous avons au Salon une foule de tableaux de fantaisie, que nous trouvons généralement traités avec soin. Nous en remarquons même de vraiment saisissants et sous le rapport de la pensée et surtout sous le rapport de l'exécution. Pour n'en citer qu'un seul, *le Jeu,* de M. Charles Muller, porte le cachet d'un talent hors ligne, et le public a déjà, par son concours unanime, témoigné de la préférence qu'il lui accorde.

Puisque les goûts de l'époque poussent les artistes à étudier le genre, puisque toute activité semble portée de ce côté et qu'il joue le plus grand rôle dans la renaissance actuelle, nous ferons comme tout le monde, nous applaudirons à sa victoire sans pourtant renoncer à notre droit de censure, sans adopter de système ou nous faire l'écho d'une coterie. La moyenne cette année est meilleure que les années précédentes, et si nous en exceptons quelques exposants qui ont encore fait preuve d'un réalisme révoltant, et n'ont pas même racheté la basse trivialité du sujet par la correction du dessin ; les représentants des diverses méthodes ne paraissent pas éloignés d'opérer entre eux une fusion indispensable au progrès de l'art. Qu'ils rejettent loin d'eux un esprit de rivalité mesquine, qu'ils s'empruntent sans fausse honte leurs qualités mutuelles, et se dépouillent des exagérations par lesquelles ils prétendent se distinguer encore : nous leur promettons un triomphe. Pourquoi suivre des routes contraires, quand on veut arriver au même but ?

L'originalité est le caractère essentiel de tous les peintres de genre qui se sont fait représenter, cette fois, à l'Exposition. Il est difficile de traverser les nombreuses salles du Palais de l'Industrie sans être attiré par une grande majorité des tableaux qui, soit par les tons éclatants de leur couleur, soit par leur cachet irrésistible, forcent le spectateur à s'arrêter un instant. Comment, en effet, passer indifférent devant les caricatures spirituelles de M. Biard ? Comment ne pas sourire de la mésaventure de l'Anglais de M. Droz ? Comment ne pas être égayé par la scène rabelaisienne de M. Comte ?

Dans un autre ordre d'idées, nous avons les sujets de M. Caraud, *La signature du contrat* et *Le premier-né*, d'une expression si délicate et si fine ; les petites

scènes champêtres de M. Edmond Castan ; la poésie
grave de M. Duverger ; le drame de M. Muller, les
scènes touchantes de M. Compte-Calix, qui se disputent
notre attention; et si nous voulons des études conscien-
cieuses de la nature, nous les trouvons chez M. Pallière
qui est allé chercher au Mexique ses aspirations, et
chez M. A. Leleux qui excelle toujours dans la
peinture des mœurs bretonnes. — Un cadre exigu n'é-
veille pas moins la curiosité qu'une vaste concep-
tion, aussi le visiteur s'arrête-t-il volontiers devant les petites fantaisies de MM. Brilloin, Ceriez,
Lefèvre et Ruiperez, ou devant la Diane endormie de
M. Chaplin dont le coloris éclatant attire forcément le
regard. Les gracieuses physionomies des enfants qu'i-
maginent MM. Jalabert, Hébert et Bonnat se font naturellement distinguer par leur douce candeur ; *Le
Départ pour la danse* et *Le Saltimbanque* de M. Knaus
charment par leur naïveté ; les pochades de M. Heilbuth amusent par leur joyeuse humeur. Au milieu de
sujets si variés, la curiosité du public est sans cesse
tenue en éveil ; mille impressions contraires se succè-
dent dans son esprit, sans transition, sans ordre, et il
arrive à la fin de son inspection avec des appréciations
diverses sur chaque tableau en particulier, mais aucun
moyen de grouper ensemble les œuvres d'un certain

nombre d'artistes, parce qu'aujourd'hui les peintres de genre se font une méthode à eux et tiennent d'abord à ne pas se rassembler. Comme le public, nous avons jugé bon ou mauvais chaque tableau pris à part, mais quand il s'est agi d'adopter un plan pour notre compte-rendu, de faire des distinctions d'écoles ou de classements dans la nomenclature des principales œuvres exposées, nous avons reculé devant la difficulté de notre tâche. Alors, nous retrouvant dans le premier salon, nous avons pensé que le plus simple serait de recommencer notre visite plus scrupuleusement, plus en détail, en suivant à peu près l'ordre indiqué par le catalogue, et d'inviter les lecteurs à s'arrêter quelques moments comme nous devant les tableaux dignes de son attention.

II.

Nous sommes dans le 1er salon, devant l'allégorie de M. Adam. Un gracieux enfant au teint diaphane, à la chevelure blonde, apparaît au milieu d'une abondante récolte de fleurs. C'est *le Printemps*, nous dit le catalogue. Nous voulons le croire, mais pourquoi cette végétation luxuriante? Elle écrase le sujet qui s'efface à son contact. Les nuances délicates du lilas, de la violette et du myosotis eussent été plus de saison et se fussent mieux mariées à la physionomie un peu pâle du personnage.

Madame la duchesse d'Albufera, au contraire, accentue vigoureusement ses types, et recherche les contrastes d'ombres et de lumières. Cette méthode qui dégénère quelquefois en défaut : dans sa *Juive conduite au supplice*, par exemple, devient une qualité quand il s'agit d'illuminer le souriant visage de la *Zingarella*, où se reflètent les rayons d'un soleil brûlant.

Élève de Paul Delaroche, M. Antigna se recommande, comme son professeur, par la distinction de la forme, le tact et le bon goût de l'exécution. Sa *Bergère* est très séduisante sous de grossiers vêtements, et son *Mendiant*, à peine vêtu d'une mauvaise veste et d'une culotte déchirée, conserve encore un air fort coquet sous ses misérables haillons. M. Antigna aime à peindre les enfants de la campagne ; on se rappelle ses *Filles d'Eve* qui figuraient à l'exposition de Londres ; il sait mettre toujours dans les sujets qu'il traite une certaine poésie, grâce à son style pur, simple, correct.

Madame Antigna est moins généreuse cette année qu'au Salon de 1861. Une seule toile, l'*Histoire sainte*, nous permet de ne pas l'oublier tout à fait. Les ombres du tableau sont très bistrées. Ce n'est pas un mal puisqu'elles servent à mieux faire ressortir les intéressantes physionomies des deux enfants qui, graves et recueillis, lisent attentivement dans un gros volume ouvert devant eux.

Trois petites compositions nous signalent M. Anker. *La Sortie de l'Église* ne manque pas de qualités, les groupes sont bien disposés, mais la couleur en est un peu vague. Les figures de ses personnages, par exemple, ont besoin d'être examinées de trop près : encore y découvre-t-on quelques défauts. Pour n'en citer qu'un seul, le gros œil bleu d'une suivante de la reine n'a-t-il pas choqué tous les spectateurs ? certes il produit un regrettable effet et nous préférons, comme ensemble, un petit sujet intitulé *Satiété.* Le bébé, qui vient d'achever son goûter et joue avec son plat, est gentiment posé sur sa petite chaise à tablette. La touche en est ferme, l'exécution facile. Mais si nous cherchons un drame attendrissant, traité avec âme et vérité, nous le trouvons dans le troisième tableau de M. Anker, *La Petite amie.* Pauvre enfant étendue sur une couche funèbre ! Sa tendre mère debout, auprès d'elle, la considère dans l'attitude d'une poignante douleur, tandis qu'au pied du lit pleurent ses an-

ciennes compagnes. M. Anker a su par le choix de
ses couleurs, prêter à la scène je ne sais quoi de lugubre, tout en ménageant le côté poétique. Les ro-
ses blanches dont le front du cadavre est couronné,
les touffes de feuillage jetées éparses devant le drap
mortuaire répandent sur le sujet comme un dernier
parfum de jeunesse et de fraîcheur.

Les scènes intimes entre une mère et son enfant se
rencontrent à chaque pas. Ici *le Premier sourire*, là *le
Déjeuner*, plus loin *l'Ordre et le Désordre*, *le Baby*,
les Deux Mères, etc. ; dans presque toutes un sentiment
vrai, de jolis détails.

Le *Premier sourire* de M. Aussandon est soigneusement traité, il faut cependant signaler de la raideur
dans les poses. M. Bornschlegel a bien animé la physionomie de la jeune femme qui, assise en face de
son marmot, préside à son déjeuner. Les principaux
mérites de M. Béranger sont la finesse de la touche,
l'élégance de la forme. Les deux petits cadres *Ordre et
Désordre* ressemblent beaucoup à des images, mais à
de gracieuses et charmantes images. Le premier surtout, où la maman achève la toilette de son fils, est
minutieusement travaillé. Dans le second, le bébé qui

puise au fond du pot de confitures, amuse par son air
sérieux, et la jeune femme couchée nonchalamment
sur un canapé, nous a frappés par la délicatesse de ses
traits ; cependant, elle eût gagné sous tous les rapports
à ne pas être aussi décolletée.

Il semble qu'un cadre exigu soit nécessaire au succès
d'une scène d'intérieur. Les quatre petites toiles que
nous avons citées sont de beaucoup préférables aux
tableaux plus importants de M. Brohn et de M. de la
Brely. Chez le premier, le ciel est défectueux, le visage
de l'une des deux femmes tout à fait insignifiant ; pas la
moindre expression dans le regard, pas le moindre
sentiment d'amour maternel. Chez le second. rien de
gracieux ; la jeune mère manque de distinction et dans
le maintien et dans la physionomie.

Que M. Anatole de Beaulieu nous permette deux
observations. Dans *la Porte du décédé*, les mains de
la gentille enfant debout devant sa triste demeure sont
et trop larges et trop courtes ; le pied du vieillard est
trop grand et se replie sur lui-même d'une façon difficile à expliquer.

Le garçon au cerf-volant de M. Becker ne manque
pas d'un certain mérite, mais l'œuvre pèche sous le

rapport du ciel et du terrain, les teintes sont trop uni-
formes, la perspective n'est pas assez ménagée.

Il y a du soleil dans *Le goûter des Moissonneurs* de
M. Berthon, mais pas de détails ; pas de naturel dans
quelques poses, pas de relief dans les figures.

Si mademoiselle V. Benoît trouve une combinaison
satisfaisante de teintes pour ses têtes de vieillards, nous
ne lui ferons pas le même compliment à propos de ses
têtes d'enfants. Pourquoi la petite fille est-elle si violette?
Pourquoi cet œil rouge ? pourquoi enfin ces ombres
forcées du menton ?

M. Bonvin accentue savamment et ses ombres et ses
physionomies. Chez lui la touche est sûre, le coup de
crayon vigoureux ; notre critique ne portera que sur le
choix de ses types. Son apprenti est trop commun, sa
cuisinière trop négligée. M. Bonvin copie exactement
la nature, mais la nature vulgaire. M. Bornschlegel, lui,
ne se contente pas de la copier dans ses *Chanteurs am-
bulants*, il la rend impossible à force de la faire triviale.
Son bohémien, l'œil hagard, la chevelure en désordre,
la bouche démesurément ouverte, ressemble à une bête
fauve en fureur ; son petit joueur d'orgue est la caricature du singe plus la crinière touffue.

M. Bombled habite Chantilly ; on le voit à sa bonne étude de chevaux et de cavaliers, il est fâcheux que le paysage ne réponde pas au reste du tableau.

Nous signalons chez M. Baron (Dominique) un coloris terne, des formes douteuses ; il peut mieux, et nous attendons mieux de lui. Le personnage de M. Stéphane Baron est, au contraire, sagement entendu, dessiné consciencieusement. Son regard est expressif, sa tête mâle et énergique ; mais combien encore est plus remarquable la gracieuse enfant de M. Bonnat. Nous avions déjà fait connaissance avec *Maria* chez M. Martinet ; nous sommes heureux de la retrouver au Salon entourée des hommages d'un public plus nombreux cette fois ; certes, elle mérite les faveurs que tout le monde se plaît à lui accorder.

M. Brilloin traite les petits sujets à la façon de M. Meissonier et les traite convenablement. A l'exactitude de la forme, il joint le fini du détail ; son pinceau est délicat, ses nuances bien fondues.

La palette de M. Chaplin est toujours aussi riche ; son style aussi fleuri, mais pourquoi ce petit amour qui semble retenu par un fil au-dessus de *Diane endormie ?*

2

Quels éloges nouveaux trouverons-nous pour MM. Caraud et Compte-Calix, dont les louanges ont été chantées sur tous les tons par la presse ? Quelle pureté de lignes dans *La signature du contrat* et dans *Le premier-né* de M. Caraud ; quelle distinction dans ses physionomies ! Comme les teintes en sont fondues et bien dégradées ! Quelle douce poésie dans le Départ des hirondelles de M. Compte-Calix ! Combien est mélancolique le visage de cette jeune fille qui regarde s'envoler l'oiseau voyageur ! Les hirondelles en partant n'emportent-elles pas les plus beaux rêves de sa jeunesse ? Et le retour du *Vieil ami,* n'est-ce pas là une scène touchante décrite avec tact et sentiment ? Comme toute la famille s'empresse autour du nouveau venu, c'est à qui lui fera le plus d'accueil, il y a dans ce petit sujet intime de l'harmonie et de l'entente. Le spectateur assiste réellement à la fête et serait tenté d'y prendre part, tant est complète l'illusion !

Le style de M. Comte, bien que d'un ordre différent ne manque pas d'originalité ; la comédie qu'il nous représente est vive, pleine d'entrain et de mouvement. Mais M. Comte possède le talent de faire rire ses acteurs et il en abuse. Sans doute, le désappointement du rôtisseur, de sa fantaisie rabelaisienne est divertissant, quand, au lieu de la monnaie qu'il réclame en paiement de la fumée de son rost, Seigni Joan le fol se contente de lui répondre d'un air goguenard : « La cour vous dit que le faquin qui ha son pain mangé à la fumée du rost civilement ha payé le rôtisseur du son de son argent. » Mais on s'explique mal ces éclats étourdissants, cette fébrile hilarité de la femme du premier plan. La même critique se peut formuler au sujet de *La récréation de Louis XI.* Les valets jettent à terre des rats sur lesquels vont s'élancer les chiens du roi encore retenus en laisse. La chasse n'est pas commencée que déjà une joie folle a fait invasion dans la salle. Pour nous, mauvais appréciateur au reste de ce genre de spectacle, nous avouons que nous saisissons mal l'à-propos d'une aussi grande gaieté.

On s'amuse beaucoup des scènes spirituelles de M. Biard, et nous faisons comme chacun, en admettant néanmoins que ce ne sont là que des caricatures. Les boursiers, qui se prennent aux cheveux et se battent à coups de poings, ont l'air d'insurgés derrière une barricade ; quant aux magistrats de *son tribunal,* leurs gestes, comme leurs expressions, nous semblent forcés. Le président, renversé sur le dos de son fauteuil, est fort inconvenant. On ne rit pas, on ne dort pas aussi effrontément à l'audience, même en province. M. Biard a de la verve, mais souvent aux dépens de la vérité.

III

Nous aimons, chez M. Duverger, plutôt l'expression
des figures et le naturel des poses que la combinaison
des couleurs. L'aveugle est trop pâle, le moribond
trop vert. Heureusement l'artiste rachète ces défauts
d'exécution par le sentiment qu'il prête aux sujets.
M. Duverger met beaucoup de cœur dans ses tableaux,
et c'est une qualité que ne possèdent pas tous les peintres de genre. La foule qui a suivi *les derniers sacre-
ments* est vraiment recueillie, le prêtre vraiment
austère. Comment ne pas s'associer à la douleur con-

tenue du pauvre homme qui, debout auprès du malade, cherche à retenir ses larmes? Comment ne pas être ému de compassion pour cette vieille femme qui se courbe péniblement pour réciter à genoux la prière des agonisants ?

M. Théodore Delamarre a exposé trois études « Tête de jeune Hollandais, — Tête de vieille, — Leçon de lecture. » Les personnages de la dernière toile sont de grandeur, présentés à mi-corps. M. Théodore Delamarre se recommande par l'exactitude de la forme et la correction du dessin. Sans éclat, sans effets cherchés, il trouve des tons naturels pour les chairs et possède une justesse d'appréciation remarquable. Sa pâte a de la consistance, et sa touche ne manque pas de fermeté.

Voici M. Dubouloz avec ses légions d'amours. L'allégorie est chez lui uniforme, l'idée première toujours la même. Une jeune fille aux prises avec Cupidon, telle est la donnée invariable ; c'est là un badinage ingénieux dont il abuse ; heureusement, il jette de la diversité dans la forme, sinon dans le fond. Ici, une gentille enfant est réveillée en sursaut par une invasion de petits dieux mutins qui dégringolent par la cheminée, renversant les tables sur leur passage, grimpant sur le lit, tirant le fichu de la patiente, arrachant les draps de son lit. Là, une jolie fille aux yeux bandés engage avec les amours une partie de Colin-Maillard. Plus loin, une pauvre petite aux abois implore la protection de la Vierge contre mille tentations pressantes. Elle est encore entourée par des amours qui, cette fois, arrivent avec leurs armes de combat. L'un présente un miroir, l'autre des perles et des joyaux, un troisième des étoffes précieuses. De malins séducteurs déroulent, aux regards de leur victime, tapis et manteaux d'hermine, et répandent l'or à ses pieds. Résistera-t-elle ? Probablement non ; car si, de ses bras, elle étreint la statue de la madone, ses yeux témoignent de son hésitation. Faire l'analyse critique de semblables fantaisies serait assurément mal comprendre le but de l'artiste, mal comprendre aussi notre rôle. Il y a, dans ces aimables pochades de l'esprit, de la verve, de l'éclat. Contentons-nous de ces qualités sans exiger trop de perfection dans le dessin.

De tous les peintres de chevalet, M. Fichel est celui qui, par la touche fine et délicate, par l'irréprochable correction de la ligne, se rapproche le plus de M. Meissonier. Son talent, à vrai dire, n'est qu'un talent d'imitation, et il ne doit pas revendiquer l'originalité pour avoir pris ses costumes à Louis XVI au lieu de les emprunter à Louis XIV ; mais, comme imitateur, son mérite est indiscutable. Nous ne sommes pas de ceux qui traitent cavalièrement M. Meissonier et ses élèves de peintres de bonshommes. Il ne faut pas seulement de la patience pour réduire un cadre à de mignonnes proportions, il faut de l'entente et, quoi qu'on en dise, de l'imagination ; il faut, enfin, les mêmes inspirations que pour un cadre plus vaste, avec un fini plus irréprochable, un soin plus minutieux. M. Fichel a vivement animé sa petite scène de cabaret. Les joueurs mettent à leur dispute une action pleine de vérité, et l'individu qui, debout auprès d'une colonne, suit la querelle en fumant sa pipe, écoute avec un sérieux fort comique. Nous signalerons un travail de détail aussi soutenu dans le *Coin de bibliothèque* et dans *l'Arrivée à l'auberge*, dont les proportions sont un peu moins réduites que celles des deux autres toiles.

M. Gérôme a exposé trois bijoux ; jolis et transparents comme autant de perles enchâssées dans leurs écrins. La donnée première est simple, par conséquent inattaquable. *Un boucher turc appuyé contre une muraille, — Un prisonnier couché au fond d'une barque, — Molière soupant en face de Louis XIV.* Le type un peu ordinaire du grand roi peut seul appeler la critique. Mais si nous examinons de près l'exécution, nous passons de surprise en surprise, et notre admiration ne sait vraiment où s'arrêter davantage. Le fini est, chez M. Gérôme, merveilleux, la finesse de pinceau, inouïe. Son parquet est reluisant comme une glace, son eau limpide comme le cristal. Pas une veine dans le bois de sa barque, pas un fil de ses cordes, pas un clou de ses fauteuils, pas une frange de ses étoffes qui ne soit scrupuleusement rendu, minutieusement léché. Vus à la loupe, ce sont des prodiges de perfection que les moindres objets. Devant les tableaux de M. Gérôme, le public s'arrête sous le charme, tenté de retenir sa respiration, dans la crainte que le souffle le plus léger ne ternisse ou ne déflore l'éclat de ces petits chefs-d'œuvre de délicatesse.

M. Heilbuth se plaît avec le clergé romain. Est-il exact dans sa copie? c'est ce que nous n'avons pu constater ; toujours, il est original. Le cardinal qui fait un profond salut à son collègue nous a frappé par son expression de spirituelle bonhomie. Cette toile, que le catalogue désigne sous le nom de *Promenade de cardinaux sur le Monte - Pincio*, est pleine de soleil ; les personnages, au nombre de six, se découpent bien sur un horizon lumineux, et sont placés dans leur rôle. Le second tableau représente *l'Intérieur d'un carrosse de cardinal :* d'un côté de la voiture, le prélat cause avec un abbé ; de l'autre se tient, timide et embarrassé, un jeune séminariste qui n'ose lever les yeux sur Son Eminence. Les physionomies sont variées, parfaitement comprises. Quant à la *Promenade de séminaristes sur le Monte-Pincio,* elle est d'un ordre inférieur. Les types sont froids, insignifiants, les maintiens guindés, les caractères mal compris, à peine ébauchés. C'est un tableau qui ne dit rien aux yeux, qui n'éveille aucune pensée. Et puis, pourquoi M. Heilbuth contourne-t-il la taille de ses personnages ? Plusieurs ont l'air noués ou bossus. Serait-ce une méchanceté à l'adresse des Romains ou simplement une fantaisie d'artiste ?

Ce sont trois ravissantes études que les petites filles de MM. Bonnat, Jalabert et Hébert. Chose curieuse, la même enfant a posé devant les trois artistes et se trouve reproduite par chacun d'eux avec des nuances si différentes qu'il est difficile de le deviner. Nous avons déjà dit toute notre admiration pour la gentille *Maria* de M. Bonnat. Elle est moins idéalisée que la *Maria Abruzeze* de M. Jalabert, et la *Pasqua Maria* de M. Hébert. Sans être moins gracieuse, on sent plus la vie réelle en elle ; les tons du visage ont plus de consistance, plus de solidité. Le style de M. Jalabert est plus vaporeux ; son type d'enfant est délicat ; le ton des chairs diaphane ; l'ovale de la figure effilé, le regard ingénu. M. Hébert, lui, est essentiellement langoureux; aussi, la candide physionomie de *Pasqua Maria* inspire-t-elle au spectateur comme un sentiment de douloureuse pitié. La *Jeune fille au puits*, véritable élégie du même maître, vient confirmer l'opinion que nous énonçons. Sur un fond de tendre verdure se détachent deux poétiques visages, celui d'une Italienne, au caressant regard, aux traits purs et distingués ; celui d'un jeune Italien, aux grands yeux cernés de noirs, à l'expression maladive. Comme le dit M. de Lasteyrie, M. Hébert séduit par le charme souffreteux de ses créations, il aime les natures frêles, et, dès le début, il a rencontré quelques accords touchants qu'il fait résonner volontiers ; c'est le Bellini de la peinture.

Qui n'a entendu parler du *Saltimbanque* de M. Knaus ? Voilà un sujet vulgaire que le talent de l'artiste a su faire accepter. Dans une grange de village, un escamoteur de bas étage donne une représentation à des paysans debout devant lui ou assis sur des bottes de paille. M. Knaus prend son action au moment où le saltimbanque, soulevant le chapeau d'un spectateur, en tire une volée de canaris qui s'échappent dans la salle au grand ébahissement de tout le monde. C'est précisément cet ébahissement que le peintre a su imprimer sur la physionomie de ses acteurs avec une étonnante variété. Nous avons surtout remarqué les traits altérés de la bonne femme qui sort pour ne pas être complice du sortilége. « Damnez-vous ! semble-t-elle dire en partant ; pour moi, je ne veux aucun commerce avec ce démon ! » Deux jeunes filles sourient en se pressant l'une contre l'autre, mais leur maintien indique la peur bien plutôt que le plaisir. Derrière le groupe, un petit garçon avance timidement la tête. Quant au paysan dont le saltimbanque vient d'enlever le chapeau, il est stupéfait ; ses yeux sont grands ouverts, ses bras levés au ciel. Sur la paille, un enfant terrifié se couche sur sa grand'mère, dont l'attitude n'est pas plus rassurée. Le seul individu indifférent à la scène est un gros homme tranquillement posé, les deux mains sur le ventre, qui paraît uniquement préoccupé du soin de sa digestion. C'est l'esprit fort, le philosophe épicurien de la troupe. Trop vulgaire, et d'ailleurs incolore, ce type eût gagné à ne pas être autant en évidence.

A côté du *Saltimbanque*, le *Départ pour la danse* doit s'effacer complétement. Le paysage en est défectueux, l'harmonie des tons mal observée. Notons cependant la facilité avec laquelle M. Knaus fixe le sentiment sur un visage. La foule qui suit le ménétrier et le batteur de caisse réjouit par son air de fête. Il y a une gaieté turbulente dans l'action : depuis les gamins qui font la roue devant les musiciens jusqu'au vieux militaire qui accompagne le joyeux cortége en s'appuyant sur ses béquilles.

L'air circule mal au milieu des accessoires qui surchargent le *Marché*, de M. Lambert. La plupart des personnages demeurent dans l'ombre, et tout l'intérêt se concentre, non pas même sur la marchande du premier plan, mais sur les fruits et légumes jetés à profusion devant elle ; c'est là un manque d'entente, selon nous. L'attention se trouve absorbée par des objets d'un ordre secondaire qui ne devraient pas usurper une place si importante dans la composition.

M. Leleux reste fidèle à ses Bretons ; à peine il empiète une fois par hasard sur le territoire de la Normandie. Les trois toiles exposées : *Une Noce en Bretagne,* — *le Marché conclu,* — *Pêcheurs de Villerville,* sont loin, au reste, de nous faire regretter la prédilection de l'artiste. A la variété du coloris, au pittoresque du paysage, M. Leleux joint le cachet d'une originalité toute particulière. Ce sont bien là ces physionomies bonasses, ces allures raides et guindées, ces mouvements lourds et pesants ! Vus à quelque distance, les deux Bretons qui se frappent dans la main en signe d'adhésion, les danseurs qui sautent niaisement au son d'un orchestre de village, prennent de la vie et se détachent nettement de leur entourage. Il y a une poésie grave et sérieuse dans le départ des *Pêcheurs de Villerville,* dans cette mer frémissante, dans ce ciel gros de nuages. L'attitude des personnages, l'aspect lugubre de la nature obscurcie par l'orage, s'harmonisent de façon à produire chez le spectateur une irrésistible illusion.

IV.

Les petites Italiennes sont à la mode au salon de
cette année. Les aimez-vous? disait un critique, on en
a mis partout ; nous ne croyons pas que les enfants de
chœur soient moins nombreux : enfants de chœur en
procession, enfants de chœur à la sacristie, enfants de
chœur à la chapelle, de tous côtés on en trouve, on
finit par les voir sans les regarder ; on en est rassasié !
Faut-il encore forcer le public à stationner avec nous
devant ces monotones études de toques rouges et de
blancs surplis ? Assurément non ; il nous saurait fort

mauvais gré de notre attention. Bornons-nous, pour conserver ses bonnes grâces, à lui signaler les types ravissants de M. Holfeld : *Enfants de chœur au lutrin.* C'est peut-être le plus simple de tous les sujets du même genre ; c'est à coup sûr le plus délicatement touché. Devant un missel se tiennent debout deux enfants qui chantent des psaumes. Les personnages sont à mi-corps, l'un est blond, l'autre brun. La mise en scène est presque nulle, et l'intérêt se trouve concentré sur ces deux gentilles têtes qu'on ne se lasse pas de contempler, les traits en sont purs comme ceux des chérubins, l'expression candide et les yeux les plus beaux du monde. M. Holfeld ne vise pas à l'effet, et il a raison ; la réclame est un mauvais moyen et le public se trouve souvent mal à l'aise au milieu des feux d'artifice qui lui sont tirés aux oreilles.

Que M. Jundt nous pardonne si nous n'avons pu deviner le but qu'il se proposait en enduisant ses toiles: *le Mai, la Leçon de danse dans le Tyrol,* et surtout *le Départ de la mariée,* d'une couche grisâtre à peu près semblable au lichen dont les arbres sont entourés. Il y a là une intention préconçue, le tout est de la trouver, ce que nous n'avons pu faire malgré notre bonne volonté.

La peinture de M. Millet est terne et sèche, il n'y a de moëlleux ni dans les contours, ni dans le modelé ; c'est la nature copiée correctement mais froidement, sans que l'imagination de l'artiste y ait ajouté le moindre trait propre à la faire valoir. Sa *Femme cardant de la laine* est une épreuve photographique, rien de plus. La position qu'affecte son paysan courbé en deux sur un instrument de labour est horriblement tendue, et l'étonnement du public se conçoit facilement quand, ouvrant le catalogue pour y chercher la signification d'un sujet qu'il ne devine pas, il trouve cette légende : *Paysan se reposant sur sa houe.* Avouons que le moyen de M. Millet n'est pas heureux et que peu d'amateurs se rencontreront pour suivre sa méthode.

MM. de Heuvel et Moulinet nous transportent dans des salles d'asile, soit ! Ils jettent du pittoresque dans les groupes et dans les physionomies studieuses ou mutines qu'ils prêtent à l'enfance. Chez M. Moulinet surtout les minois de gamins sont gentiment touchés, les attitudes comprises, l'action soigneusement distribuée ; mais sa palette manque de brillant, l'aspect général de ses toiles n'a rien qui flatte l'œil, et puis ses maîtres d'école ont une raideur, nous dirions presque une disproportion, qui les fait ressembler à des hommes de carton. Avec moins de solidité dans le coloris, moins de netteté dans la forme, M. de Heuvel a plus d'éclat, plus de chaleur, de style ; mais ses têtes n'ont pas assez de variété et ses petites filles fixent toutes sur le spectateur des yeux bien ronds, bien ouverts qui paraissent en émail.

Nous voulons dans les sujets, même les plus vulgaires, une certaine retenue, un certain côté artistique, et nous ne trouvons dans la *Mystification* de M. Leray que l'exagération d'une pasquinade. Un homme ventru aux genoux d'une femme de mauvais ton ; l'amant accroupi dans une position ridicule ; à notre gauche, deux grandes filles dont l'une est insignifiante et l'autre ressemble, par son maintien, à une cicogne effarouchée ; à notre droite, un groupe de curieux précédé par un abbé régence qui flaire un scandale amoureux, et qui accourt pour en savourer les prémices ; derrière, une figure grimaçante, au milieu du feuillage : telle est la mise en scène ! L'idée première était triviale, il fallait du moins la relever par l'exécution, c'est ce que n'a pas fait M. Leray. Nous ne saurions trop lui rappeler que la caricature est un genre dangereux en peinture, et que l'aborder est se résoudre à tomber presque invariablement dans le mauvais goût.

M. Monvoisin donne à ses *Baigneuses* des attitudes gracieuses ; ses chaires sont transparentes, ses teintes bien dégradées. Mais sous prétexte d'éclairer le tableau, il force trop les contrastes et fait les ombres trop bleues. Nous n'aimons pas non plus ce fond gris qui ternit le paysage. Serait-ce une imitation de M. Corot ? Nous ne le souhaitons nullement, car tout en admettant la supériorité du maître comme paysagiste, tout en reconnaissant la science avec laquelle il sait distribuer la lumière, nous critiquons avec tout le monde sa couleur que M. de Lasteyrie compare justement à celle de l'eau de lessive.

Nous avons déjà rendu hommage aux artistes qui, cherchant des horizons nouveaux, étaient allés demander le pittoresque aux pays encore inexploités. Decamp et Marilhat, dans le passé, transmirent à leurs toiles un reflet du radieux soleil de l'Orient ; dans le présent, MM. Berchère, Fromentin et Pallière ont imité leur exemple avec succès. Nous ne dirons rien des deux premiers qui sont plutôt des paysagistes que des peintres de genre ; mais nous voulons offrir nos éloges à M. Pallière, un interprète consciencieux et fidèle des mœurs mexicaines. Peu soucieux de forcer la nature, M. Pallière se contente de la reproduire telle qu'il la

voit, sans effort, sans travail. Ses deux petites études : *la Berceuse* et *la Pileuse de maïs* ont été prises
sur place et sont tout empreintes de couleur locale.
La première représente une jeune mère balançant, à
l'aide d'un cordon, son enfant suspendu dans son
berceau ; la seconde, une jeune fille occupée à broyer
du maïs au fond d'un mortier, tandis qu'un cavalier
mexicain, debout derrière elle et la main appuyée sur
son cheval, la considère attentivement. L'une de ces
deux scènes se passe dans l'intérieur d'une cabane,
l'autre au milieu de la campagne. M. Pallière a gra-
cieusement posé les personnages, et s'est appliqué à
rendre soigneusement les objets propres à jeter sur
l'œuvre de l'originalité. Chaque partie du tableau est
comprise et tout, jusqu'à la chemise légèrement déchirée de la pileuse, indique que l'artiste ne dédaigne
aucun détail.

C'est la première fois que M. Pallière expose à Paris, et déjà le public le connaît, déjà une de ses toiles
a mérité les honneurs de la gravure. Espérons que,
encouragé par un heureux début, l'artiste ne s'arrêtera
pas en si bon chemin.

Puisque tout le monde stationne devant *la Noce*

en Bourgogne, il faut bien suivre le courant, et parler d'une pochade burlesque que pourtant nous eussions voulu passer sous silence. Rien de choquant à l'œil comme cette longue file de robes blanches et d'habits noirs qui se déroule sur un terrain vert taché de blanc. On voit que l'artiste a tout sacrifié à la caricature. Les poses, il les a faites grotesques, les physionomies triviales. Si M. Ronot ne veut que faire rire, il atteint son but ; mais alors qu'il se contente de crayonner la charge, nous lui promettons le succès. Il est certaines règles de bienséance et d'harmonie que le peintre ne doit jamais franchir.

M. Guérard, lui aussi, imagine une noce en Bourgogne, à laquelle nous ne craignons pas de donner la préférence ; sans doute il se rencontre des parties incorrectes, et le détail de cette infinité de paysans qui surchargent le paysage est loin d'être irréprochable ; mais il y a dans sa peinture un certain éclat et surtout une interprétation exacte des mœurs villageoises.

Les deux petites scènes exposées par M. Moricourt : *le Retour garanti* et *les Honneurs au blessé* ne manquent pas d'intérêt ; mais pourquoi les personnages, bien groupés du reste, ont-ils tous des figures larmoyantes? Ces yeux tirés, ces lèvres contractées font un très vilain effet, et impriment sur tous les visages une grimace fort désagréable à voir.

La charité pour un pauvre malade ! s'écrie la vieille femme de M. Pilliard en montrant son fils assis auprès d'elle, sur un banc de pierre. La première condition des pauvres gens qui implorent la pitié, c'est d'intéresser le passant. Or nos deux mendiants ont des physionomies qui ne sauraient inspirer que l'effroi. M. Pilliard semble, pour le jeune malade, s'être inspiré des pendus de Goya ; quant à sa vieille aux cheveux ras, elle a vraiment le type d'une sorcière. Il est fâcheux que l'expression soit manquée, car l'œuvre est bonne sous le rapport du dessin et de l'exécution générale.

V.

Tous les arts tendent au même but : développer chez l'homme auquel ils s'adressent telle ou telle idée, tel ou tel sentiment. La seule différence réside dans le moyen employé pour arriver jusqu'à l'âme. Ce moyen « *sensible* », ou, mieux encore, ce canal, sera : l'ouïe pour le musicien, la vue pour le peintre. De là deux méthodes à peu près identiques ; le lecteur nous passera le rapprochement. Il est des musiciens, peu sérieux ceux-là, dont la principale ambition consiste à chercher la popularité quand même ; s'ils n'ont pas de talent, ils battent la caisse et sonnent de la trompette ; à tout prix il faut qu'ils soient remarqués. Une fausse note ne les effraie pas, au besoin ils la feraient, pourvu qu'elle soit bien vibrante, bien criarde ! Si le public en rit, tant mieux, s'il les siffle, peu leur importe ; on parlera d'eux en mal, mais toujours on parlera d'eux, et ils préfèrent à l'oubli une publicité ridicule. Heureusement, à côté de cette classe de tapageurs, se trouvent des artistes pénétrés de la dignité de leur mission, qui dédaignent une réclame de mauvais aloi, cherchent une mélodie simple, une harmonie vraie, et s'inquiètent fort peu de l'opinion des masses. Pour ces derniers l'art n'est pas du ressort de la boutique, c'est un sacerdoce, et ils n'en font pas marchandise. Parmi les peintres aussi se retrouvent les deux catégories. Plusieurs, pour attirer le regard, font miroiter aux yeux les couleurs les plus bizarres, les tons les plus éclatants; à chaque instant le goût en est choqué ! Sujet et exécution, tout est heurté, contourné; peu importe ! Il faut frapper son public, bon gré, mal gré ; il faut être vu, c'est le grand point ! Mais à côté de ces coureurs de réclame, comme à côté des baladins de tout à l'heure, existent les peintres consciencieux, de véritables artistes, délicats dans leurs aspirations, et qui attendent les suffrages au lieu de les provoquer. Cependant, de même que, dans un concert, les instruments les plus discordants empêchent d'entendre les plus harmonieux, souvent il advient que, dans une réunion de tableaux, le clinquant des verroteries éblouit les spectateurs au point de leur faire oublier les perles qu'il écrase de son faux éclat. Et n'avons-nous pas nous-même été victime de ce mirage en passant et repassant vingt fois sans la voir devant « la Fille aînée » de M. Baugniet. Sensibilité exquise, voilà pour le fond ; délicatesse de touche, voilà pour la forme. Maintenant, nous pouvons apprécier comme elle le mérite cette charmante production d'un maître de talent. Il nous a fallu longtemps la chercher, reléguée qu'elle était dans un angle de salon, au milieu d'œuvres en apparence beaucoup plus considérables. Une jeune fille, surprise par sa mère et sa sœur cadette dans un somptueux appartement qui témoigne de ses fautes, telle est la donnée de M. Baugniet ; il est impossible d'avoir tiré un meilleur parti de l'idée première. L'artiste a su ménager les contrastes entre la pauvreté honnête et le luxe coupable. Une paysanne, au visage baigné de larmes, est assise sur un canapé ; « sa fille aînée, » vêtue de soie rose, est à genoux devant elle, la tête entre ses mains, et implore son pardon. Derrière, se tient debout une belle jeune fille, qui jette sur sa sœur un regard de compassion. D'un côté du tableau c'est un guéridon couvert de flacons, vases et coffrets ; de l'autre c'est le panier campagnard duquel s'échappent quelques fleurs des champs, et, tout près, à terre, le grossier parapluie de famille qui forme antithèse avec la coquetterie d'un salon richement meublé. Le seul reproche à faire à M. Baugniet, c'est que la mère est trop jeune pour ses enfants. Elle eût gagné à paraître plus vénérable. Notre réserve faite, rendons justice au peintre, et constatons le tact avec lequel il a su ménager ses effets.

M. Genaille expose un sujet d'un ordre assez vulgaire : « Les Scieurs de bois. » Il faut lui savoir gré de n'être pas tombé dans le réalisme pur tout en demeurant dans la vérité. Son style est vigoureux, son coup de crayon précis, sa palette variée ; ce sont là des qualités de premier ordre.

Les trois petits tableaux de M. Herbsthoffer, artiste hongrois, se rapprochent par leurs dimensions restreintes des cadres de M. Meissonier. Comme eux, ils sont gentiment jetés, mais ils n'ont pas leur fini, ce qui est un défaut pour une toile exiguë. « L'armurier et une

Antichambre sous Louis XIII sont les mieux réussis : » le Ministère d'État en a, du reste, déjà fait l'acquisition. Puisque nous sommes en Allemagne, restons-y pour nommer encore « la Bénédiction des émigrants » par M. Hubner. Nous trouvons dans cette œuvre un sentiment religieux profond et une peinture touchante des mœurs patriarcales de l'austère Germanie. Tous les personnages sont dans leur rôle : le pasteur qui bénit son troupeau, la femme à genoux qui invoque la protection du Ciel, le vieillard tout chagrin de quitter le clocher qu'il ne doit plus revoir et l'enfant insouciant qui devance par son ardeur le départ de ses compatriotes. Ces nuances bien senties, convenablement rendues, font excuser un dessin quelquefois négligé et un paysage d'une exécution douteuse.

La Suède, elle aussi, s'est fait représenter au Salon de 1863. M. Jernbebg y envoie une orgie de cabaret qu'il intitule « Kermesse en Westphalie » dont le principal mérite réside dans l'originalité toute locale. C'est un pêle-mêle d'hommes avinés et de paysannes en goguette qui rappelleraient assez bien les beaux jours de la rue au Fèves et de son « Lapin blanc », sans les costumes de circonstance. A gauche, un homme ivre trébuche sur des marches, un vieillard le soutient d'une main et porte une bouteille de l'autre. Sur le milieu du tableau, une foule de jeunes gens, filles et garçons, se bousculent, se rient niaisement ou se prennent la taille. M. Jernbebg n'a pas eu l'intention de faire autre chose qu'une pochade ; les personnages sont à peine esquissés, l'aspect général de l'œuvre a quelque chose de heurté qui choque le regard ; aussi le genre de cet artiste surprend-il bien plutôt qu'il ne plaît et se fait-il surtout distinguer par un cachet de bizarrerie tout étrangère.

Le style de M. Nordenberg, Suédois comme M. Jernbebg, étant moins excentrique, il nous est plus facile de l'apprécier à sa valeur. Sous le titre de « Un dimanche matin dans la tour d'une église en Suède » l'artiste nous représente différents personnages descendant du clocher par une trappe. Un homme est devant qui porte un enfant sur son dos ; des jeunes gens le suivent. Sans nuire à l'ensemble, assez satisfaisant d'ailleurs, M. Nordenberg eût pu donner à ses visages une expression plus caractérisée. Il y a une carnation trop riche et pas assez de nerfs.

M. Léonard promène une École d'Orphelines sous la conduite de sœurs de charité. Nous sommes à travers champs en plein soleil; une petite fille qui donne la main à une religieuse pleure à chaudes larmes. Plusieurs de ses compagnes s'avancent en rang, deux à deux; d'autres, plus heureuses, prennent leurs ébats dans la campagne. L'œuvre est soigneusement étudiée, mais avec une tendance au réalisme trop accusée. Le peintre pouvait choisir de gracieux types; il les a préférés vulgaires. Sa pleureuse qui s'enfonce la main dans la bouche est très-laide, et les écolières qui s'amusent à souffler des chandelles en l'air ont des minois chiffonnés peu séduisants. Disons bien vite, à la décharge de M. Léonard, que ces types, pour être peu conformes au beau idéal, existent dans la nature; il les a reproduits, c'était son droit. Où il est moins exact, c'est dans son effet de lumière; les robes bleues qui reflètent les rayons du soleil étincellent et miroitent sous le regard de manière à fatiguer le spectateur; évidemment M. Léonard a dépassé le but proposé. Il arrive à produire de la nacre et non des étoffes de laine.

Mademoiselle Mégret, auteur de « Galilée » et d'un « Intérieur », entend assez bien la combinaison d'un plan; pourquoi fait-elle ses chairs si violettes, et tranche-t-elle autant ses contrastes d'ombres et de lumières?

Disons, en passant, à M. Prosper, que nous nous

sommes arrêté avec plaisir devant son « Chasseur de marais. » Il y a dans cette petite toile des qualités d'exécution. Le personnage est naturel et dans son allure et dans sa physionomie pleine de distinction.

Nous avons remarqué aussi les tableaux de M. Roehn (Gabriel) et de M. Roehn fils. Chez le premier, plus d'indépendance de pinceau ; chez le second, un fini plus travaillé. « Le Curé », de M. Roehn fils, est bien accueilli du public. A notre gauche, un prêtre assis devant une table, au milieu de ses bouquins, prépare son sermon, tandis qu'à notre droite sa domestique, le dos tourné au public, écume le pot-au-feu. Quelques meubles misérables, une chambre mal rangée, voilà pour les décors; nous pensons qu'un soin moins scrupuleux de détails eût été plus en harmonie avec le sujet. Cette netteté, ce poli minutieux jure avec le désordre, disons la malpropreté du lieu.

M. Rousseau a la spécialité des singes, cela est vrai ; mais quelle liberté d'allures, quelle vigueur de forme ! Il trouve le moyen d'être artiste consommé, même avec une donnée burlesque. Un singe alchimiste voit sauter devant lui fourneau et creuset. Le motif est au moins bizarre ; M. Rousseau l'a rendu dramatique. Ce singe renversé, les pattes en arrière, l'air effarouché, porte le cachet d'une inspiration tout originale. Pourquoi donc ne pas l'admettre? que nous importe le mobile qui pousse le peintre à représenter des singes, s'il les représente bien et s'il fait preuve d'initiative artistique?

M. Verlat, lui, qui peint aussi les singes, les peint avec moins d'énergie, moins de chaleur, mais il s'inquiète fort peu de la critique et nous montre le cas qu'il en fait. Le *Figaro* osa blâmer un singe du salon dernier; M. Verlat se venge d'avance en asseyant le sien sur le numéro de l'impertinent journal. Ce trait est courageux et part d'une âme convaincue. Respectons sa conviction, sans la discuter !

M. Sain nous offre une scène d'intérieur (pays basque) qu'il intitule « le Lever. » L'ensemble de la composition est bon. A droite, une mère habille un marmot qu'embrasse sa petite sœur; à gauche, un jeune garçon boutonne attentivement ses guêtres. Les petites têtes sont vivantes, les poses ont de la grâce et séduisent par leur naturel.

Nous parlions, dans un de nos derniers chapitres, des feux d'artifice tirés par certains artistes; le mot peut s'appliquer rigoureusement à M. de Straszynski, dont le tableau est un véritable feu de Bengale. Du plus loin on l'aperçoit ; il vous attire et vous fascine ; personne n'est allé un quart-d'heure au salon sans l'avoir remarqué. La scène représente « l'Assassinat de l'évêque de Liége par Guillaume de Lamarck. » Le sanglier des Ardennes est assis sur un trône, le corps penché en avant. Sa bouche, démesurément ouverte, laisse voir une double rangée de longues dents ; ses yeux sont éclairés par un regard fauve, ses narines sont dilatées, il semble un ogre en appétit ; à côté de lui, une courtisane debout rit aux éclats ; son corps est raide, ses mouvements gênés. Des hommes ivres s'abandonnent à l'horreur d'une orgie brutale, et, au milieu, l'évêque, Louis de Bourbon, est entraîné par un bourreau, sorte de garçon boucher, au corps trapu, qui va l'égorger à l'aide d'un coutelas.

Pour être juste, il nous faut reconnaître une science d'arrangement incontestable et un certain mérite dans les types nerveux et imprévus de ces physionomies avinées. A côté de cela, nous blâmons énergiquement toutes ces allures communes et massives, et cet empâtement de couleurs qui devient du placage en plusieurs endroits ; enfin, nous ne saurions admettre ce rouge cuivré, dont la toile est lustrée, et que ne justifie pas la

flamme blanchâtre d'une lampe suspendue au pla-
fond.

Nous n'aimons guère les deux grands cadres dont
l'un représente une marchande déjeûnant au milieu
de ses légumes, et l'autre une paysanne occupée à
traire sa vache dans une étable. De semblables sujets,
d'un ordre tout secondaire, eussent gagné à être traités dans un espace plus restreint, et renfermés dans
les proportions qui conviennent au genre.

M. Tissot prend à cœur d'imiter le style moyen-âge ;
sa peinture rappelle assez exactement les anciens vi-
traux, les anciennes faïences, ou plutôt les vignettes
des vieux manuscrits. Reste à savoir si la méthode
doit être approuvée. Non, à notre avis ; les objets, de
tons mats et ternes, ressemblent aux pièces mal ajus-
tées d'une mosaïque, et puis, quelle singulière dispo-
sition ! Au milieu du tableau « Départ du Fiancé, »
un long jeune homme, habillé de rouge, tient em-
brassée la femme dont il va bientôt se séparer. Ces
deux acteurs principaux, nous ne les critiquerons pas,
bien que leurs mains, par exemple, soient très défec-
tueuses. Mais quel est ce caniche en bois, dressé sur
de petits morceaux de carton découpé ? Et ce tout pe-

tit chasseur qui tire dans le lointain sur un tout petit cerf? Homme et gibier, ne les prendrait-on pas pour des joujoux d'enfants? Décidément, la tentative de M. Tissot est malheureuse ; qu'il laisse le moyen-âge et soit de son époque ; avec son talent il ne peut qu'y gagner.

VI.

Pour rester fidèle à la tâche que nous nous sommes imposée et nous borner à rendre compte exclusivement de la peinture de genre, nous avons dû nous soumettre d'avance à de nombreuses difficultés ; où s'arrête, en effet, le domaine du genre ? Un sujet de fantaisie est-il traité dans de grandes proportions, il devient de la haute peinture, de la peinture historique. Au contraire un sujet historique ou religieux est-il réduit à de minimes dimensions, il peut se classer dans le genre.

Comment alors nous fixer une ligne invariable, à une époque où, chaque artiste, voulant une méthode à lui, adapte un style capricieux aux données les plus sérieuses et les plus graves. Souvent nous nous sommes arrêté indécis devant des compositions d'un ordre douteux, et, après nous être longtemps demandé s'il nous appartenait d'en rendre compte, nous avons suivi notre propre impulsion, passant sur les unes, parlant des autres selon notre appréciation du moment ; appréciation très-discutable, du reste, puisqu'elle ne reposait sur aucune base certaine.

Cette indécision, nous l'avons éprouvée devant *la Messe sous la Terreur*, de M. Muller. Jusqu'ici nous avions pensé que l'œuvre devait être classée parmi les tableaux d'histoire ; ce n'est pas l'avis de tous, et, comme il nous en coûtait déjà de taire un des noms les plus connus de notre école contemporaine, nous préférons, bien qu'un peu tard, revenir sur notre première impression. S'arrêtant beaucoup plus à une idée philosophique qu'à l'œuvre elle-même, un critique s'étendait longuement, ces jours derniers, sur la majesté divine de l'autel au pied duquel se trouvent confondus la cocarde tricolore du républicain, et les vingt quartiers de noblesse du gentilhomme. L'opinion était juste, nous

nous empressons de le reconnaître, mais entrer dans une dissertation.à propos d'un tableau, est-ce rendre compte du tableau ? Ce que nous désirons faire ressortir ce n'est pas une description qui découle nécessairement du titre et pour laquelle M. Muller n'a pas eu d'effort d'imagination à faire ; c'est la mesure que l'artiste a su garder dans la reproduction d'une scène douloureuse, presque lugubre. Peintre par excellence de la Révolution, il sait jeter un vrai jour sur les épisodes qu'il retrace, et attendrir son spectateur, précisement peut-être à cause de son peu de recherche dans la mise en scène. Le prêtre à cheveux blancs nous pénètre de respect, et cette petite assemblée si triste et si résignée qui remet son destin entre les mains de la Providence nous remplit d'émotion. Depuis la douairière qui s'abandonne à l'amertume de ses pensées, jusqu'à la jeune femme qui suit dévotement sa messe, chacun agit et vit suivant son caractère. Nous ne saurions trop louer la sage mesure gardée par M. Muller, et nous trouverions l'œuvre parfaite sans les tons un peu pâles de ses physionomies.

M. Ribot fait des tours de force pour découvrir le côté commun de l'espèce humaine. Nous le regrettons, car M. Ribot nous a prouvé plusieurs fois ce dont il était capable ; avec son indépendance d'imagination et son coup de crayon énergique, il doit réussir, le tout consiste à mieux choisir. Nous ne parlerons de sa *Toilette du matin*, que pour en critiquer le fond aussi bien que la forme. Quelles sont en effet ces petites filles malpropres, au corps ramassé, au regard hébété qui se livrent à une demi-toilette assez bien rendue pour inspirer au spectateur un dégoût profond. Et sa *Prière* où le noir et le gris semblent se disputer la première place ! pouvons-nous en penser quelque bien ? Si M. Ribot avait l'intention de dépoétiser à nos yeux la plus sainte des choses, il a pleinement atteint son but. Le réalisme ne doit pas s'appliquer indistinctement à tout ordre d'idées. Voilà ce qu'il ne faut jamais oublier. Où il est plus de saison, c'est dans la cuisine des *Plumeurs* ; aussi féliciterons-nous l'artiste de cette dernière composition. Nous y trouvons la vigueur, l'entrain et le nerf qui caractérisent la peinture de M. Bonvin. Toujours, à la vérité, les mêmes tendances, mais là, elles ne sont pas hors de propos, et l'exagération d'une nature grossière se conçoit et se fait admettre facilement.

Des trois tableaux de M. Stevens, nous préférons *Prête à sortir*. Une jolie dame, élégamment vêtue, regarde par la fenêtre entr'ouverte en attachant son gant. Le sujet, tout intime, comportait une naïveté gracieuse. M. Stevens l'a compris ; il traite avec habileté le genre coquet, et dessine les jeunes femmes à ravir. Nous n'en dirons pas autant de l'enfant qui figure dans son *Bonheur maternel.* Il est fait de la même pâte que le cheval en carton avec lequel il joue. C'est un poupard au visage fortement barbouillé de rouge.

Avant de faire l'éloge de M. Toulmouche, un peintre de petites dames aussi, parlons-lui de ses défauts. Ses femmes n'ont pas assez de distinction, leurs yeux sont et trop fixes et trop ouverts, enfin nous avons constaté, dans *le Chagrin,* un bras droit mal dessiné. Cela dit, avouons que M. Toulmouche répand sur les physionomies de ses personnages un air de mutine rêverie qui séduit tout d'abord. Probablement il n'ignore pas ses aptitudes, car on retrouve un cachet identique dans toutes les têtes qu'il nous représente. Toutes ses femmes songent à leurs amours. L'une, à la vérité, est assise au milieu d'un jardin, l'autre au coin du feu, et la troisième est debout près d'une console, mais la différence réside seulement dans les attitudes ; l'idée qui préside à l'œuvre est la même.

L'élegie succède à la romance, la peinture sérieuse

vient après la peinture légère. M. Willems est l'interprète du sentiment. Au premier abord, son style paraît
incolore, ses formes trop vaporeuses, mais en exami-
nant de près, nous découvrons toutes les nuances
d'une imagination douce et mélancolique. Sa *Veuve*,
assise devant le portrait de son mari qu'elle contemple,
porte dans tous ses traits le caractère d'une douleur
résignée. C'est un poème que ce petit tableau, et pourtant la mise en scène est presque nulle. Une salle nue,
la jeune veuve tenant à la main une lettre sur laquelle
on voit encore la fleur flétrie de ses amours passées,
un chien couché aux pieds de sa maîtresse, et, suspendus
à la muraille, un cadre et une épée. Tel est le thème
bien simple en apparence, et pourtant sur lequel
M. Willems a semé toutes les délicatesses d'une exquise sensibilité. Passant maintenant à la forme, nous
sommes charmé de la transparence des chairs, du modelé du visage, de la perfection des draperies, enfin de
l'admirable exécution du grand levrier danois étendu
sur le premier plan.

La présentation du futur offre un ensemble moins
satisfaisant; la fiancée est froide, le futur guindé, et, en
général, les personnages de cette touchante cérémonie
n'agissent pas assez. Mais M. Willems, toujours irré-

prochable dans le détail, a su ménager le côté poétique de la situation. Ces lys merveilleusement peints, ce magnifique levrier qui vient flairer sa belle maîtresse, ne sont-ils pas les emblêmes de la pudeur et de la fidélité?

VII.

Tout incomplète que soit notre galerie, nous la fer-
mons sur M. Willems, de peur de lasser à la fin la patience du lecteur. La collection, d'ailleurs, est suffi-
sante pour donner une idée assez nette du Genre à
l'Exposition de cette année. Reste la Contre-Exposi-
tion ; nous n'y ferons qu'une bien petite pause, mais
avant d'en franchir le seuil, arrêtons-nous quelque peu
devant la Miniature et la peinture sur porcelaine. La
digression sera courte, et nos compagnons de voyage
nous sauront gré de leur avoir signalé des noms que le

public oublie trop facilement. On se presse autour de mauvais tableaux, on fait cercle pour les mieux regarder, et le promeneur passe indifférent auprès des pupitres où tant de gracieux médaillons sollicitent en vain son attention. Ils représentent pourtant toute une classe d'artistes persévérants dans leurs recherches, opiniâtres dans leurs minutieux travaux, qui ne réussissent qu'à force de patience et d'études. Le peintre de portraits, par exemple, doit réunir à la précision du coup-d'œil une légèreté de main inouïe. Ce n'est qu'en revenant mille fois sur le même point, qu'il arrive à fondre ses teintes, à modeler ses chairs. La porcelaine offre un poli, un éclat qui facilitent, à la vérité, les procédés d'exécution en adoucissant les formes et fondant les nuances; mais l'œuvre terminée, il faut la soumettre au feu, et souvent le feu la détruit.

Au dernier salon, tout le monde a pu constater le talent de Mme Girbaud dans la reproduction des fleurs. Ses jacinthes, ses jasmins et ses grenades étaient d'une fraîcheur et d'un fini ravissants. On eût versé l'eau de ses vases tant elle était transparente. Nous attendions cette année une imitation de Van-Dael qui nous permît de juger l'artiste sous une autre face, quand on nous apprit que la plaque achevée s'était brisée au feu. Voilà donc le travail de plusieurs mois instantanément détruit ! Tous les peintres sur porcelaine ont à redouter semblables accidents.

Les copies de maîtres se trouvent en grand nombre au salon; elles portent généralement le cachet d'une interprétation intelligente du style et de la manière du modèle. Mlle Suzanne Battaille, avec son pinceau brillant et sa riche palette, devait aimer le genre de M. Baudry : *Cybèle et Amphitrite* rappellent, disons même, exagèrent les qualités du maître.

M. Devers a reproduit, dans sa copie du portrait de Velasquez d'après lui-même, la méthode fortement accentuée de l'Espagnol. — L'Infante Marguerite, d'après Velasquez également, emporte avec elle le même caractère de fidélité. Nous en faisons compliment à Mlle Marie Douliot.

Nommons encore les trois imitations du Corrège : *Jupiter et Antiope*. L'une, sur porcelaine, est de M. Dufaux, et les deux autres, jolies miniatures, sont de M. Girardot et de Mme Pin. Toutes trois, à différents titres, méritent d'être signalées.

Juger les portraits sous le rapport de la ressemblance

serait chose difficile, et les explications du catalogue :
Portrait de M. H., Portrait de Mlle C. ne sont guère
faites pour éclairer le spectateur. Ne pouvant qu'exa-
miner le mérite de la forme, nous indiquons simplement ceux qui nous ont paru les mieux réussis. Ce
sont les miniatures exposées par M. Maxime David,
élève de Mme de Mirbel; par M. Feulard; par Mlle Jenny
Girbaud, dont nous avons admiré il y a deux ans une
Vierge d'après Murillo ; et par Mme Herbelin.

Nous terminons en signalant au lecteur deux réduc-
tions de portraits qui méritent certainement une men-
tion spéciale ; les voici : *Portrait de l'Impératrice,*
d'après Winterhalter (porcelaine) par Mme Pataud;—
Portrait de Charlotte Corday, d'après H. Scheffer
(porcelaine), par Mlle Bollaert. L'un est délicatement
touché, l'autre vigoureusement accentué; tous les deux
sont reproduits dans la gamme qui leur appartient.

VIII.

A Dieu ne plaise qu'après avoir ri, comme tout le
monde, devant les conceptions impossibles de messieurs les Refusés, nous venions, en haine de l'autorité,
chanter leurs louanges et prétendre qu'eux seuls ont
trouvé les véritables secrets de l'art. Dans les trois
salles où l'administration récalcitrante a entassé pêle-
mêle les toiles de ses proscrits, la grande majorité est
très faible, nous le déclarons hautement ; mais à côté
de cette majorité, dont nous ne parlerons pas, se rencontrent, dans le Genre surtout, de jolis tableaux, qui

certes ne sont pas là en leur place et que nous appelle-
rons sans crainte d'être démentis : *les Erreurs du
Jury.* Nous entretiendrons le lecteur de ces derniers
seulement.

M. Amseneck expose *le Retour du Bois.* Une petite
fille est traînée dans une brouette par son frère ; ses
deux sœurs, plus âgées, la suivent en portant des fa-
gots. Nous sommes en automne ; la brume obscurcit le
paysage. M. Amseneck fait ses pâtes et trop lourdes et
trop épaisses, mais il réussit les physionomies enfan-
tines.

L'expression, chez M. Legrand, est nette et finement
indiquée. Les costumes sont peints avec goût, et le détail rappelle par son fini la manière de M. Gérôme ; les
mains seules de Marguerite sont trop grandes.

Des sujets de M. Eeckout, *Coquetterie,* — *la Lettre
de rupture,* nous préférons le second ; le style en est
gracieux et soigné.

On ne s'explique pas le refus de M. Loustau. Son
Jugement de Pâris ne serait pas déplacé parmi les
bons tableaux des élus. Polichinelle, Pierrot et Arle-
quin ont des poses charmantes et natuelles. Les figures

des trois femmes sont distinguées, la touche en est légère; les objets, sans être achevés, sont suffisamment
indiqués.

Le Retour du Marché, par M. Louis d'Olivier, aurait
aussi dû trouver grâce devant le Jury. Bien que l'œuvre
pèche sous le rapport de la perspective, il y a, dans cette
petite scène d'intérieur, de la vie et de l'entrain. Un
vieux Breton, appuyé sur une table, compte sur ses
doigts le produit de sa marchandise, tandis que sa fille,
assise auprès de lui, tient l'argent et fait la caisse.
L'expression souriante de la jeune femme et le visage
impassible du Breton, qui fume tranquillement sa pipe,
ont été compris par l'artiste.

Les *Joueurs* de M. Thierry présentent un ensemble
de qualités satisfaisant. Cinq hommes se disputent au
milieu d'une partie de cartes. Leurs costumes appar-
tiennent au règne de Henri III. La discussion est vive,
ainsi que le témoignent les meubles et les porcelaines
brisés. Une servante s'enfuit tout effarée. La lutte se
passe sous une tonnelle. Le dessin est soigné ; l'effet de
soleil à travers le feuillage convenablement rendu,
quoiqu'un peu forcé.

A côté de ces tableaux, nous en trouvons plusieurs

autres qui eussent été dignes aussi d'un meilleur sort :
Les Espagnols jouant à la pelotte, dont la lumière et
l'assemblage de vêtements rouges et blancs papillotent
trop au regard, mais qui indiquent chez leur auteur
une palette riche et variée ; — *Le mot de Waterloo*,
sujet risqué, mais correctement traité ; — *Les suites du
Jeu*, composition originale où les objets matériels rem-
plissent le rôle des personnages absents et donnent, à
eux seuls, l'explication d'un drame accompli. Il est
encore des travaux rejetés qui ont une supériorité indiscutable sur de nombreuses toiles auxquelles on a
fait pourtant les honneurs du Salon. Nous ne les nom-
merons pas, notre liste suffisant d'ailleurs à prouver
que le Jury s'est montré parfois ou trop indulgent ou
trop sévère. Est-ce à dire pour cela qu'il faille en demander la suppression ? Non certes, car la grande majorité des œuvres laissées à l'appréciation du public
par les *Refusés*, nous donnent la mesure de ce que
nous serions contraints de subir, le jour où les exposants n'auraient plus de contrôle préalable à redouter.
Ce que nous souhaitons, c'est que le Jury, tel qu'il est,
soit plus impartial ; c'est qu'il ne favorise aucune école
et qu'il se mette au-dessus de toute influence préjudi-
ciable aux intérêts généraux des artistes ; c'est qu'enfin
messieurs les membres de l'Institut, prenant leur mis-

sion plus à cœur, daignent assister régulièrement aux séances d'examen et se persuadent que de leur jugement peut dépendre l'avenir d'un artiste.

FIN.